Impressum
Verlag: BABADADA GmbH, Nedderfeld 112 , 22529 Hamburg
Geschäftsführer / Verlagsleitung: Harald Hof
Druck: Books on Demand GmbH, In de Tarpen 42, 22848 Norderstedt

Imprint
Publisher: BABADADA GmbH, Nedderfeld 112 , 22529 Hamburg, Germany
Managing Director / Publishing direction: Harald Hof
Print: Books on Demand GmbH, In de Tarpen 42, 22848 Norderstedt, Germany

училище

школа

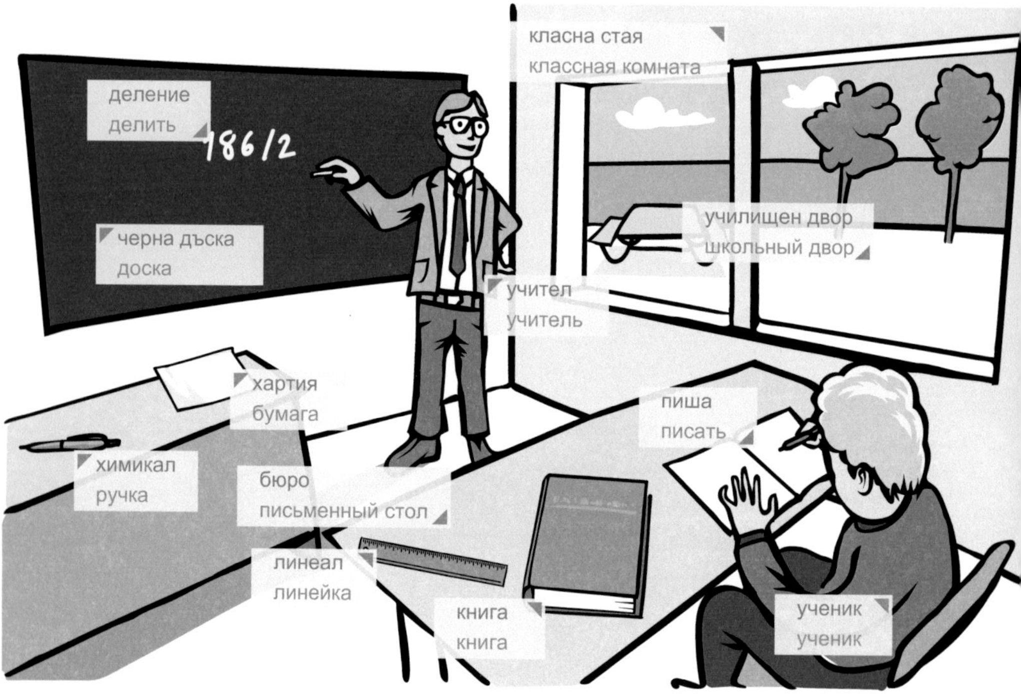
класна стая
классная комната
деление
делить
186/2
черна дъска
доска
училищен двор
школьный двор
учител
учитель
хартия
бумага
пиша
писать
химикал
ручка
бюро
письменный стол
линеал
линейка
книга
книга
ученик
ученик

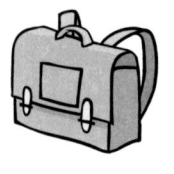

ученическа раница

ранец

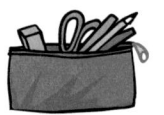

ученически несесер

пенал

молив

карандаш

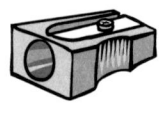

острилка за моливи

точилка

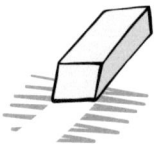

гума

ластик

блок за рисуване

альбом для рисования

рисунка

рисунок

четка

кисточка

акварелни бои

коробка красок

ножица

ножницы

лепило

клей

тетрадка за упражнения

тетрадь

домашна работа

домашняя работа

число

цифра

събиране

прибавлять

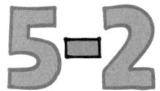

изваждане

вычитать

умножение

умножать

смятане

считать

буква

буква

азбука

алфавит

дума

слово

текст

текст

чета

читать

тебешир

мел

час

урок

дневник на класа

классный журнал

изпит

экзамен

свидетелство

диплом

ученическа униформа

школьная форма

образование

образование

справочник

энциклопедия

университет

университет

микроскоп

микроскоп

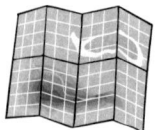

карта

карта

кошче за хартиени отпадъци

корзина для бумаг

училище - школа

пътуване
путешествие

хотел
гостиница
Grand
хостел
турбаза
ROOMS
обменно бюро
пункт обмена валюты
куфар
чемодан
кола
автомобиль

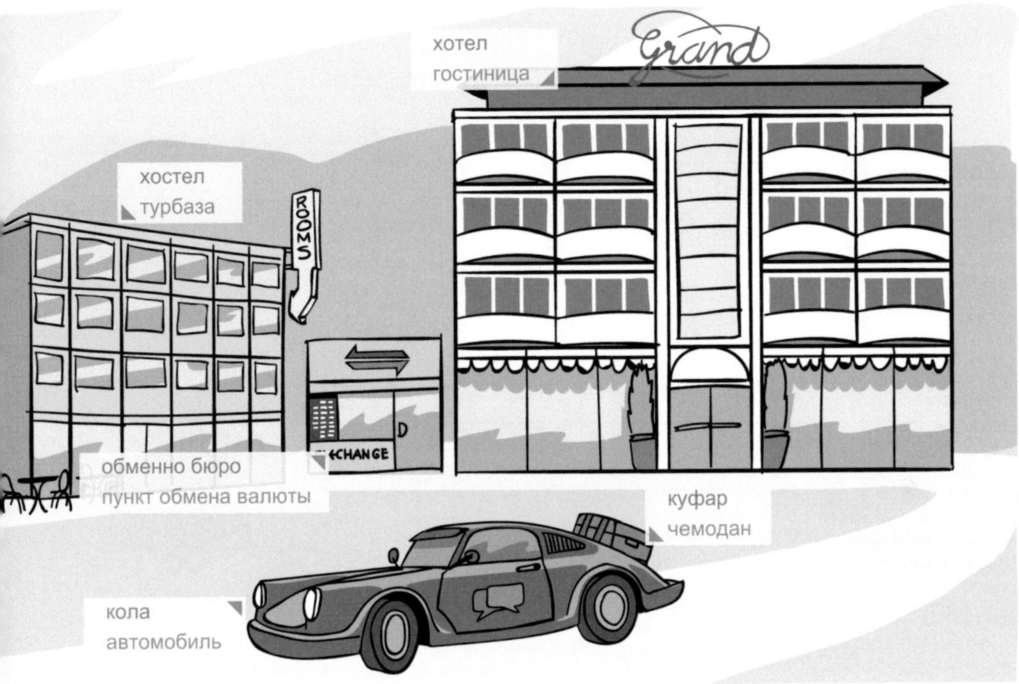

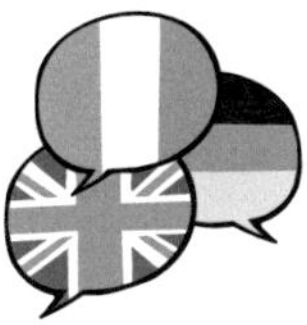

език

язык

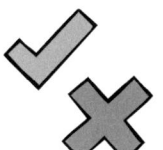

да / не

да / нет

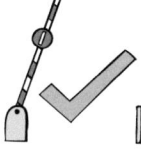

Окей

хорошо

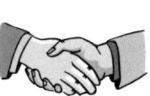

здравей

Привет

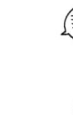

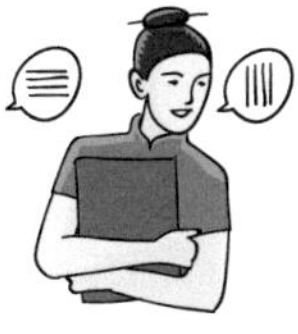

преводач

переводчик

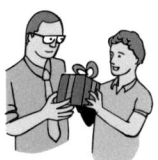

Благодаря

Спасибо

Колко струва…?

Сколько стоит…?

Не разбирам

Я не понимаю

проблем

проблема

Добър вечер!

Добрый вечер!

Добро утро!

Доброе утро!

Лека нощ!

Доброй ночи!

довиждане

До свидания

посока

направление

багаж

багаж

пътна чанта

сумка

раница

рюкзак

посетител

гость

стая

комната

спален чувал

спальный мешок

палатка

палатка

туристическа информация

туристическая
информация

плаж

пляж

кредитна карта

кредитная карточка

закуска

завтрак

обед

обед

вечеря

ужин

билет

билет

асансьор

лифт

пощенска марка

почтовая марка

граница

граница

митница

таможня

посолство

посольство

виза

виза

паспорт

паспорт

транспорт

транспорт

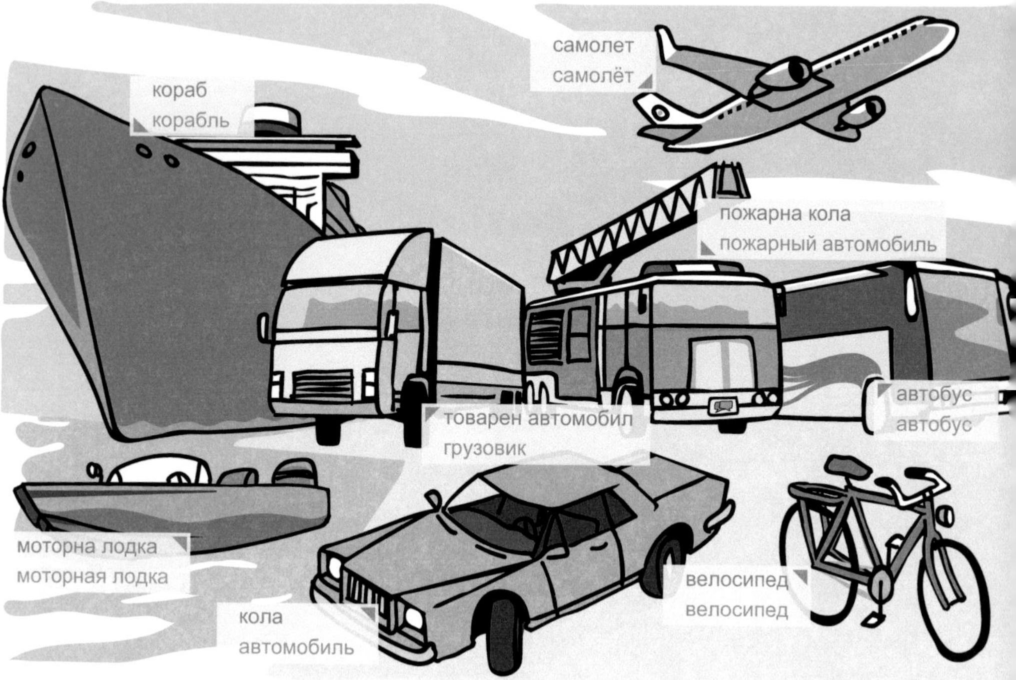
самолет
самолёт
кораб
корабль
пожарна кола
пожарный автомобиль
автобус
автобус
товарен автомобил
грузовик
моторна лодка
моторная лодка
велосипед
велосипед
кола
автомобиль

ферибот

парoм

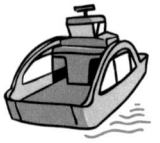

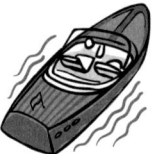

лодка

лодка

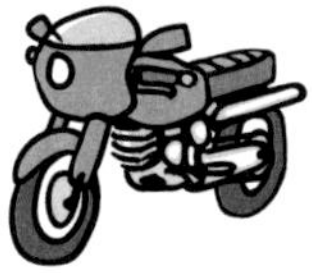

мотоциклет

мотоцикл

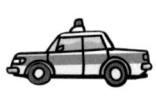

полицейска кола

полицейский автомобиль

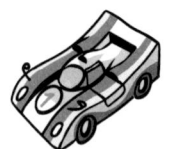

състезателна кола

гоночный автомобиль

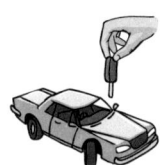

кола под наем

арендованный автомобиль

каршеринг

совместное пользование
автомобилями

автомобил от "Пътна
помощ"

буксировочный
автомобиль

сметовоз

мусоровоз

двигател

двигатель

бензин

топливо

бензиностанция

заправка

пътен знак

дорожный знак

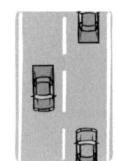

улично движение

движение

задръстване

пробка

паркинг

автостоянка

гара

вокзал

релси

рельсы

влак

поезд

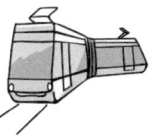

трамвай

трамвай

вагон

вагон

хеликоптер

вертолёт

аерогара

аэропорт

кула

вышка

пасажер

пассажир

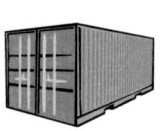

контейнер

контейнер

кашон

коробка

ръчна количка

тележка

кошница

корзина

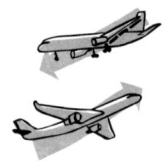

излитам / приземявам се

взлетать / приземляться

град

город

село

деревня

градски център

центр города

къща

дом

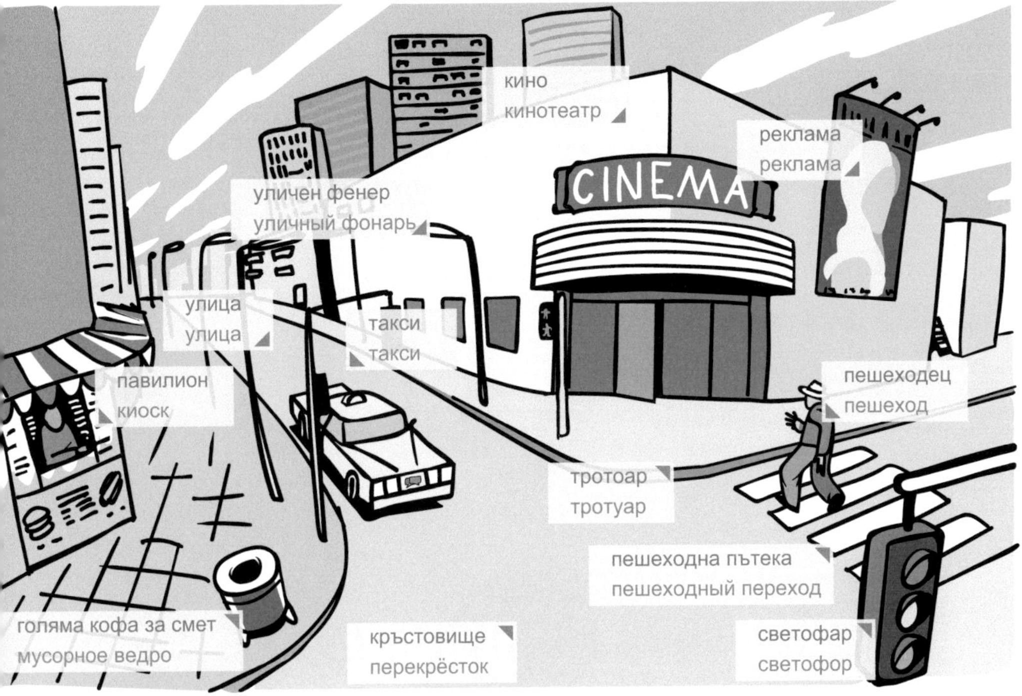

кино
кинотеатр

реклама
реклама

уличен фенер
уличный фонарь

улица
улица

такси
такси

CINEMA

пешеходец
пешеход

павилион
киоск

тротоар
тротуар

пешеходна пътека
пешеходный переход

голяма кофа за смет
мусорное ведро

кръстовище
перекрёсток

светофар
светофор

хижа

хижина

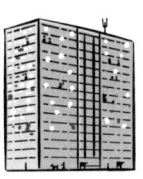

жилище

квартира

гара

вокзал

кметство

ратуша

MUSEUM

музей

музей

училище

школа

университет

университет

банка

банк

болница

больница

хотел

гостиница

аптека

аптека

офис

офис

книжарница

книжный магазин

магазин за цветя

магазин

магазин за цветя

цветочный магазин

супермаркет

супермаркет

пазар

рынок

универсален магазин

универмаг

търговец на риба

торговец рыбой

търговски център

торговый центр

пристанище

порт

парк

парк

пейка

скамейка

мост

мост

стълба

лестница

метро

метро

тунел

тоннель

автобусна спирка

автобусная остановка

бар

бар

ресторант

ресторан

пощенска кутия

почтовый ящик

улична табелка

табличка с названием
улицы

часовник за паркинг
престой

паркометр

зоологическа градина

зоопарк

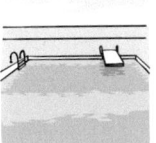

плувен басейн

бассейн

джамия

мечеть

селски двор

ферма

замърсяване на околната
среда

загрязнение окружающей
среды

гробище

кладбище

църква

церковь

детска площадка

детская площадка

храм

храм

пейзаж
ландшафт

листо
лист

пътепоказател
дорожный указатель

път
дорога

ливада
луг

камък
камень

дърво
дерево

пътешественик
путешественник

река
река

трева
трава

цвете
цветок

долина

долина

планина

гора

море

озеро

гора

лес

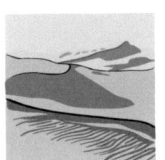

пустиня

пустыня

вулкан

вулкан

замък

замок

дъга

радуга

гъба

гриб

палма

пальма

комар

комар

муха

муха

мравка

муравей

пчела

пчела

паяк

паук

пейзаж - ландшафт

бръмбар

жук

жаба

лягушка

катеричка

белка

таралеж

еж

заек

заяц

кукумявка

сова

птица

птица

лебед

лебедь

диво прасе

кабан

елен

олень

лос

лось

бент

плотина

вятърна турбина

ветряной генератор

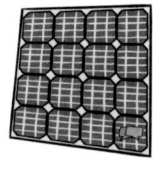

соларен модул

солнечная батарея

климат

климат

ресторант

ресторан

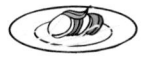

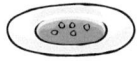

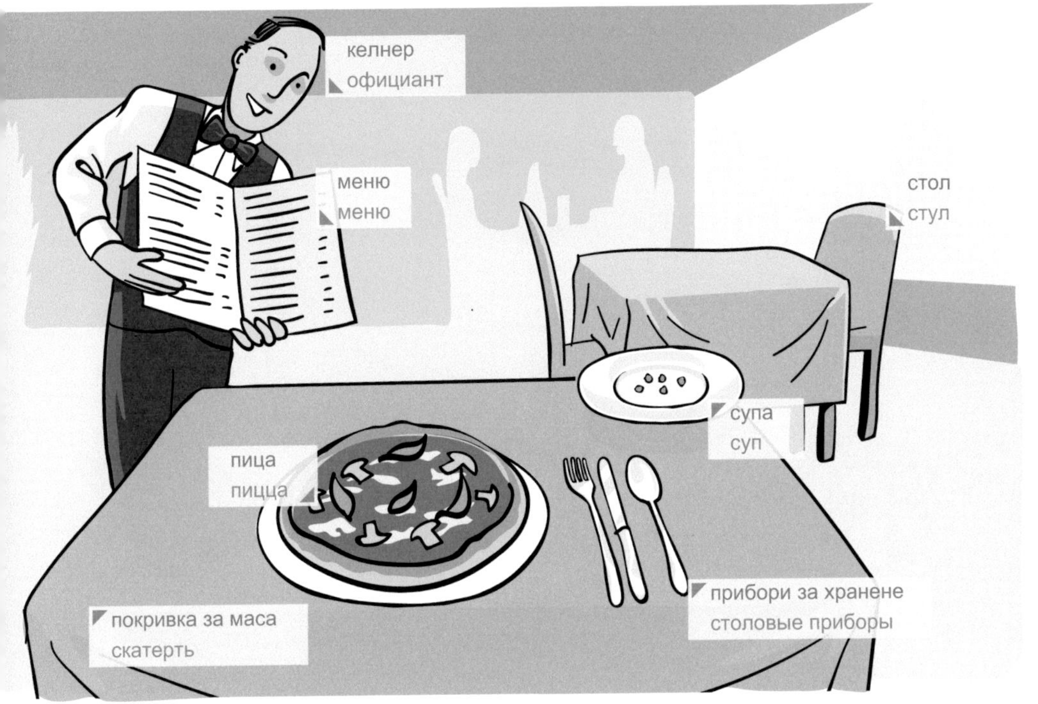
келнер
официант
меню
меню
стол
стул
супа
суп
пица
пицца
прибори за хранене
столовые приборы
покривка за маса
скатерть

предястие

закуска

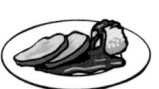

основно ястие

главное блюдо

десерт

десерт

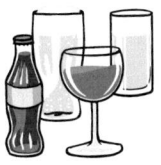

напитки

напитки

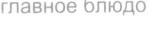

ядене

еда

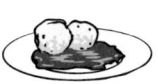

бутилка

бутылка

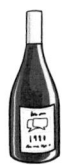

бързо хранене

фастфуд

улична храна

уличная еда

кана за чай

чайник

кутия за захар

сахарница

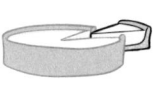

порция

порция

еспресо машина

кофеварка

висок детски стол

детский стульчик

сметка

счет

табла

поднос

ножица за нокти

нож

вилица

вилка

лъжица

ложка

чаена лъжичка

чайная ложка

салфетка

салфетка

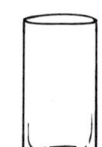

стъклена чаша

стакан

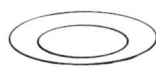

чиния

тарелка

чиния за супа

суповая тарелка

чинийка

блюдце

сос

соус

солница

солонка

мелничка за черен пипер

мельница для перца

оцет

уксус

олио

масло

подправки

специи

кетчуп

кетчуп

горчица

горчица

майонеза

майонез

супермаркет

супермаркет

оферта
специальное предложение
FOR
клиент
покупател
млечни продукти
молочные продукты
плодове
фрукты
количка за покупки
тележка для покупок

BUTCHERS

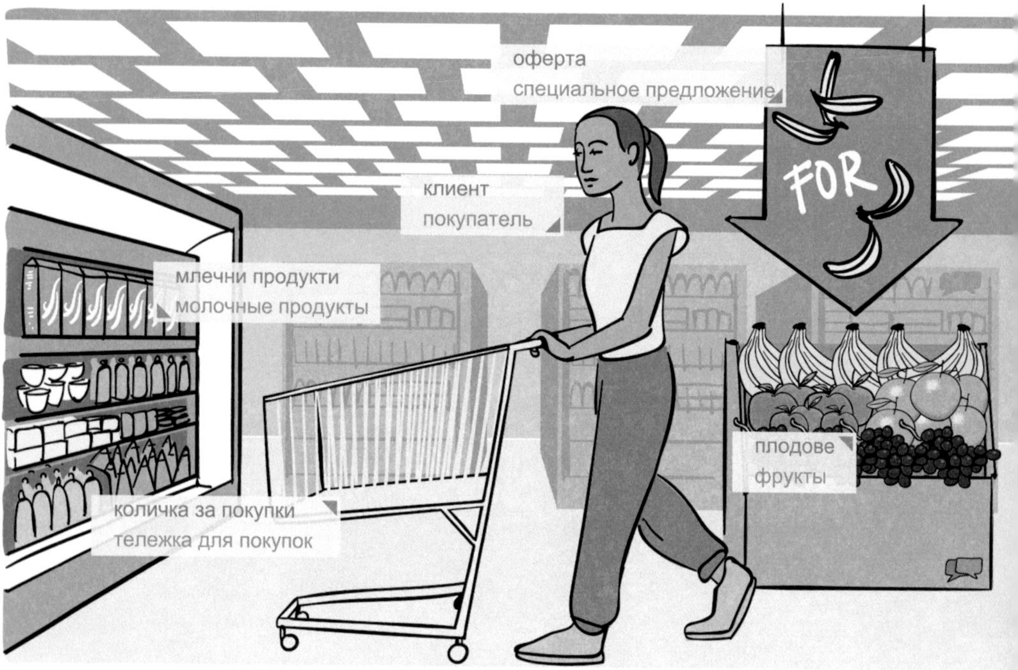

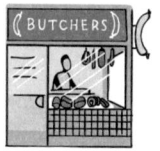

кланица

мясной магазин

BAKERY

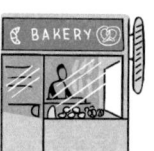

хлебарница

пекарня

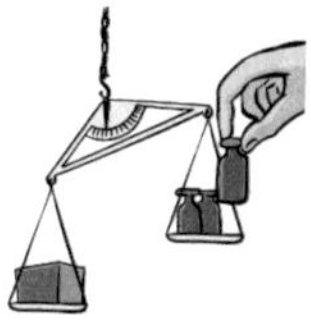

тегля

взвешивать

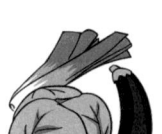

зеленчуци

овощи

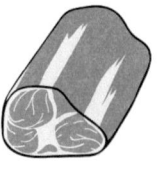

месо

мясо

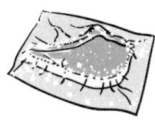

дълбоко замразена храна

быстрозамороженные продукты

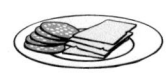

нарязан колбас или
сирене
нарезка

консерви

консервы

перилен препарат

стиральный порошок

лакомства

сладости

домакински изделия

предмет домашнего
обихода

почистващи препарати

моющее средство

продавачка

продавщица

каса

касса

касиер

кассир

списък на покупките

список покупок

работно време

время работы

портфейл

бумажник

кредитна карта

кредитная карточка

чанта

сумка

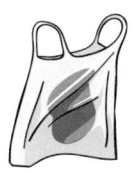

пластмасова торба

полиэтиленовый пакет

супермаркет - супермаркет

вода
вода

сок
сок

мляко
молоко

кола
кока-кола

вино
вино

бира
пиво

алкохол
алкоголь

какао
какао

кафе машина
кофе

еспресо
эспрессо

чай
чай

капучино
капучино

банан

банан

ябълка

яблоко

портокал

апельсин

пъпеш

арбуз

лимон

лимон

морков

морковь

чесън

чеснок

бамбук

бамбук

лук

лук

гъба

гриб

ядки

орехи

макарони

лапша

спагети
спагетти

ориз
рис

салата
салат

пържени картофи
картофель фри

печени картофи
жареный картофель

пица
пицца

хамбургер
гамбургер

сандвич
сэндвич

шницел
шницель

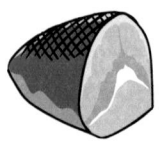

шунка
ветчина

траен колбас
салями

салам
колбаса

пиле
курица

печено
жаркое

риба
рыба

овесени ядки

овсяные хлопья

мюсли

мюсли

корнфлейкс

кукурузные хлопья

брашно

мука

кроасан

круассан

хлебчета

булочка

хляб

хлеб

препечена филийка

тост

бисквити

печенье

масло

масло

извара

творог

сладкиш

пирог

яйце

яйцо

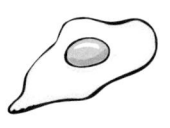

яйца на очи

яичница

сирене

сыр

сладолед

мороженое

захар

сахар

мед

мёд

мармалад

мармелад

нуга крем

крем с нугой

къри

карри

ядене - еда

селски двор

ферма

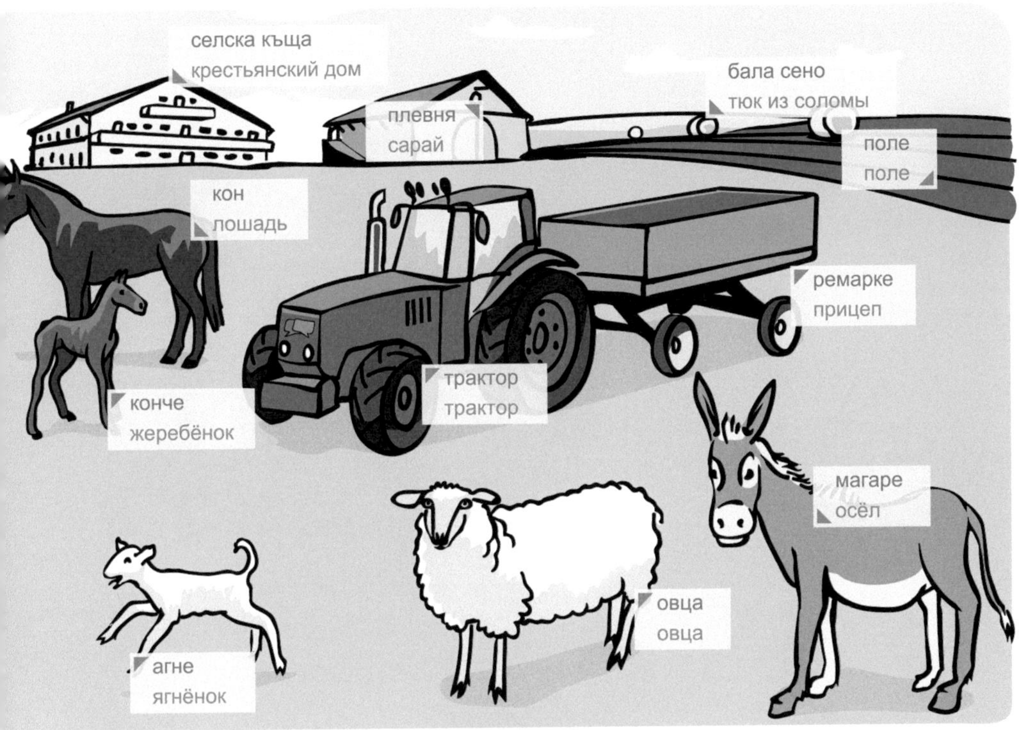
селска къща
крестьянский дом
бала сено
тюк из соломы
плевня
сарай
поле
поле
кон
лошадь
ремарке
прицеп
конче
жеребёнок
трактор
трактор
магаре
осёл
овца
овца
агне
ягнёнок

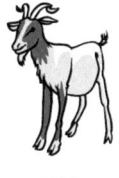

коза

коза

крава

корова

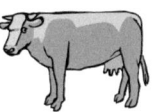

теле

телёнок

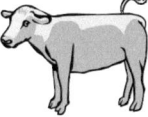

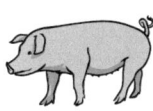

свиня

свинья

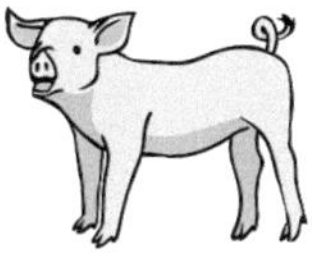

прасенце

поросёнок

бик

бык

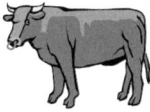

гъска

гусь

патица

утка

пиленце

цыплёнок

кокошка

курица

петел

петух

плъх

крыса

котка

кошка

мишка

мышь

вол

вол

куче

собака

кучешка колиба

конура

градински маркуч

садовый шланг

лейка

лейка

коса

коса

плуг

плуг

селски двор - ферма

сърп

серп

мотика

мотыга

вила за тор

навозные вилы

брадва

топор

ръчна количка

тачка

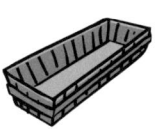

корито

корыто

съд за мляко

бидон для молока

чувал

мешок

ограда

забор

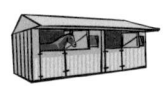

обор

хлев

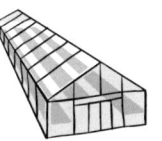

парник

теплица

земя

почва

сеитба

посев

тор

удобрение

комбайн

комбайн

жъна
....
собирать урожай

реколта
....
урожай

ямс
....
ямс

жито
....
пшеница

соя
....
соя

картоф
....
картофель

царевица
....
кукуруза

рапица
....
рапс

овощно дърво
....
фруктовое дерево

маниока
....
маниок

зърнени храни
....
злаки

селски двор - ферма

къща

дом

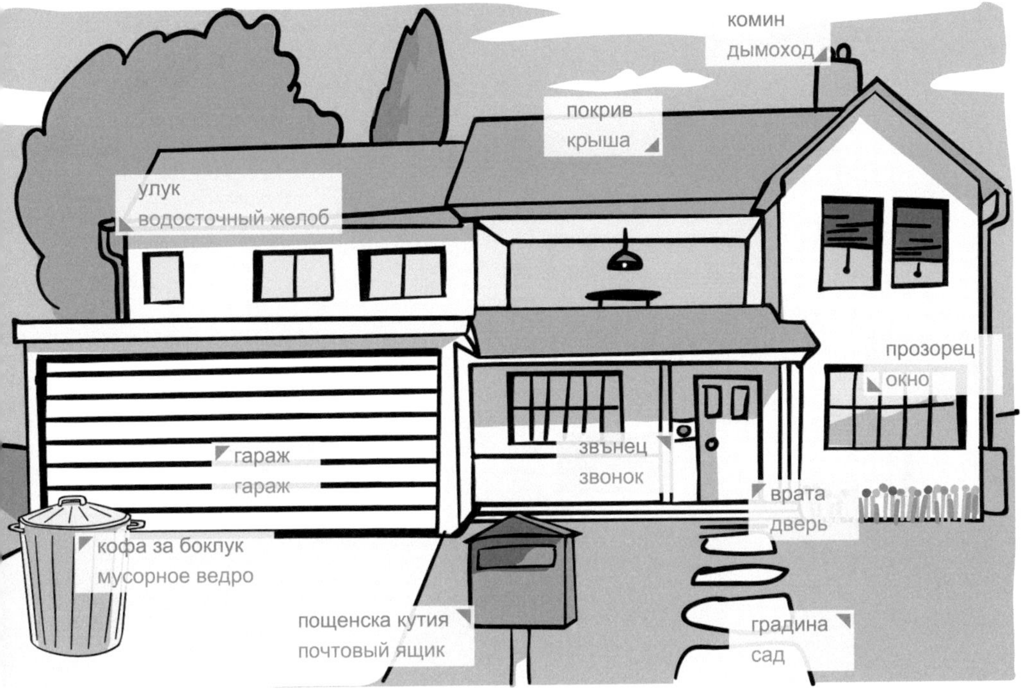
комин
дымоход
покрив
крыша
улук
водосточный желоб
прозорец
окно
звънец
звонок
гараж
гараж
врата
дверь
кофа за боклук
мусорное ведро
пощенска кутия
почтовый ящик
градина
сад

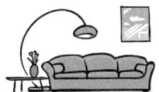

всекидневна

гостиная

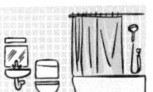

баня

ванная комната

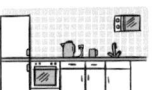

кухня

кухня

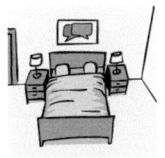

спалня

спальня

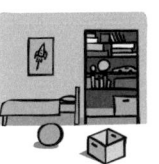

детска стая

детская комната

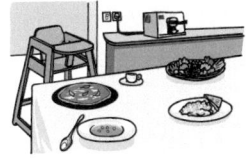

трапезария

столовая

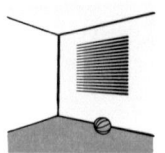

под
пол

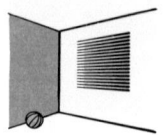

стена
стена

таван
потолок

изба
подвал

сауна
сауна

балкон
балкон

тераса
терраса

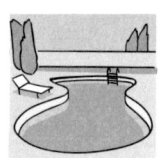

плувен басейн
бассейн

косачка
газонокосилка

спално бельо
пододеяльник

покривка за легло
покрывало

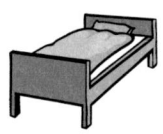

легло
кровать

метла
метла

кофа
ведро

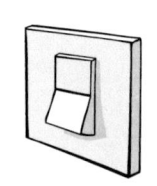

електрически ключ
выключатель

всекидневна
гостиная

тапет
обои
картина
рисунок
лампа
лампа
рафт
полка
шкаф
шкаф
телевизор
телевизор
камина
камин
цвете
цветок
възглавница
подушка
канапе
диван
ваза
ваза
дистанционно управление
пульт дистанционного управления

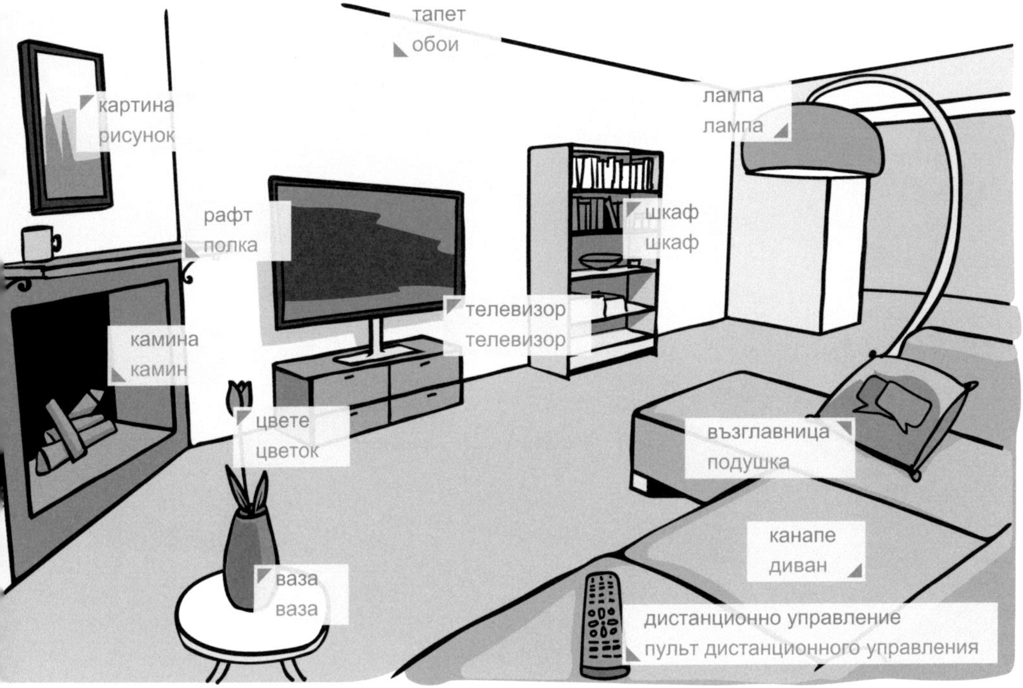

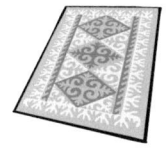

килим

ковёр

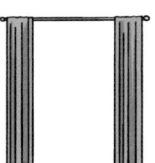

завеса

штора

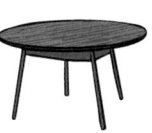

маса

стол

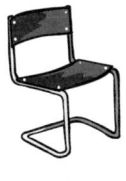

стол

стул

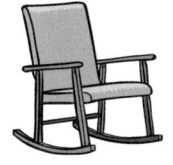

люлеещ се стол

кресло-качалка

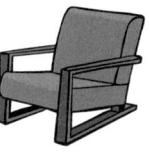

кресло

кресло

книга

книга

одеяло

покрывало

декорация

украшение

дърва за отопление

дрова

филм

фильм

стерео уредба

стереосистема

ключ

ключ

вестник

газета

живопис

картина

постер

плакат

радио

радио

бележник

блокнот

прахосмукачка

пылесос

кактус

кактус

свещ

свеча

кухня

кухня

хладилник
холодильник
микровълнова фурна
микроволновая печь
кухненска везна
кухонные весы
тостер
тостер
почистващо средство
моющее средство
фурна
духовка
хладилна камера
морозилка
кофа за боклук
мусорное ведро
миялна машина
посудомоечная машина

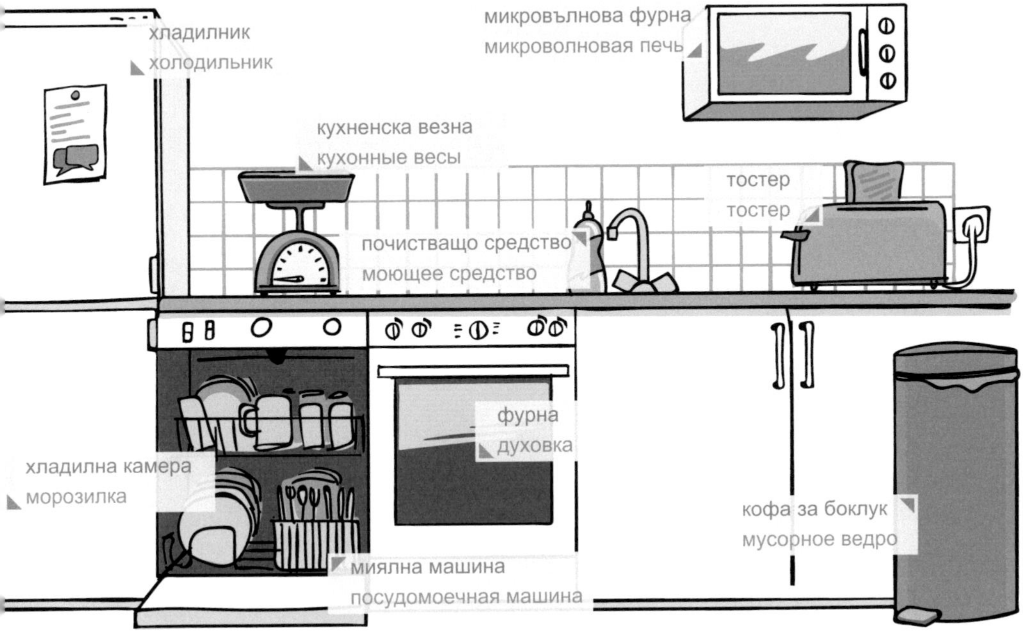

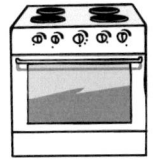

готварска печка

плита

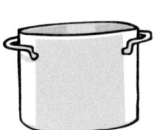

тенджера

кастрюля

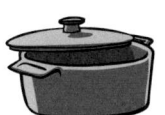

желязна тенджера

чугунный котелок

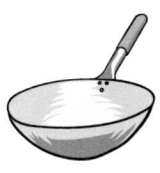

уок / кадаи

вок / кадай

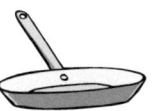

тиган

сковорода

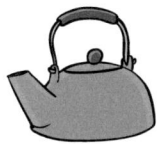

кана за затопляне на вода

чайник

уред за готвене на пара

пароварка

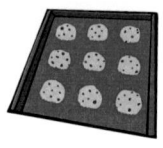

тава за печене

противень

съдове

посуда

чаша

кружка

купа

миска

клечки за хранене

палочки для еды

черпак

половник

лопатка за тиган

лопатка

тел за разбиване (на яйца, белтъци)

сбивалка

кошница за варене

сито

гевгир

сито

ренде

тёрка

хаван

ступка

барбекю

гриль

огнище

костёр

дъска

доска

точилка

скалка

тирбушон

штопор

кутия

жестяная банка

отварачка за консерви

консервный нож

кухненска ръкохватка

прихватка

мивка

раковина

четка

щетка

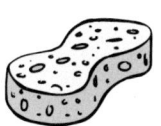

гъба

губка

миксер

миксер

фризер

морозильная камера

бебешко шише

бутылочка для кормления

воден кран

кран

баня

ванная комната

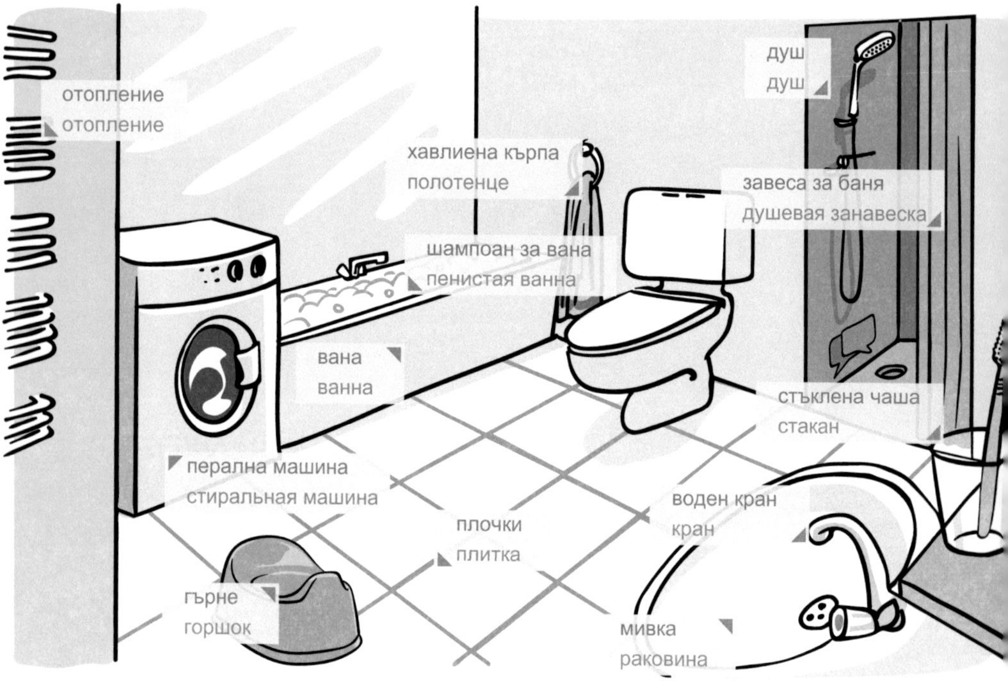

отопление
отопление
душ
душ
хавлиена кърпа
полотенце
завеса за баня
душевая занавеска
шампоан за вана
пенистая ванна
вана
ванна
стъклена чаша
стакан
перална машина
стиральная машина
воден кран
кран
плочки
плитка
гърне
горшок
мивка
раковина

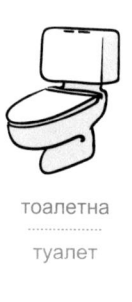

тоалетна

туалет

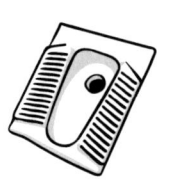

клекало

напольный унитаз

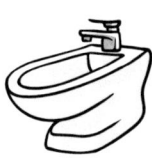

биде

биде

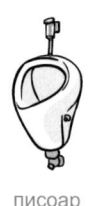

писоар

писсуар

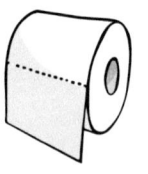

тоалетна хартия

туалетная бумага

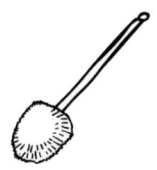

четка за тоалетна

ершик

четка за зъби

зубная щетка

паста за зъби

зубная паста

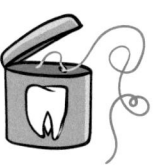

конец за зъби

зубная нить

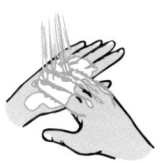

мия

мыть

ръчен душ

ручной душ

интимен душ

интимный душ

леген

таз

четка за гръб

щетка для спины

сапун

мыло

душ гел

гель для душа

шампоан за вана

шампунь

гъба за баня

мочалка

сифон

сток

крем

крем

дезодорант

дезодорант

огледало

зеркало

козметично огледало

ручное зеркало

ръчна самобръсначка

бритва

пяна за бръснене

пена для бритья

одеколон за след
бръснене
лосьон после бритья

гребен

расческа

четка

щетка

сешоар

фен

спрей за коса

лак для волос

грим

косметика

червило

губная помада

лак за нокти

лак для ногтей

памук

вата

ножица за нокти

маникюрные ножницы

парфюм

духи

баня - ванная комната

тоалетна чантичка

косметичка

табуретка

табуретка

везна

весы

хавлия

халат

домакински ръкавици

резиновые перчатки

тампон

тампон

дамски превръзки

гигиеническая прокладка

химическа тоалетна

биотуалет

детска стая

детская комната

будилник
будильник
плюшена играчка
мягкая игрушка
автомобил играчка
игрушечный автомобиль
дрънкалка
погремушка
къща за кукли
кукольный домик
подарък
подарок

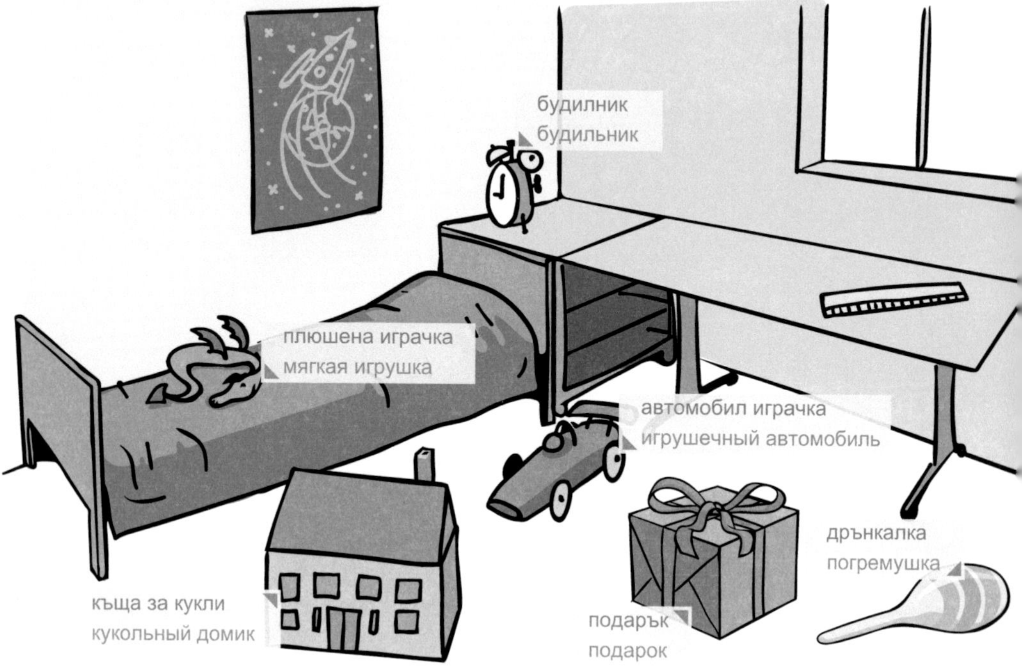

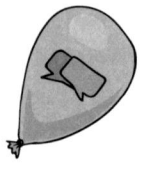

балон

воздушный шар

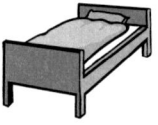

легло

кровать

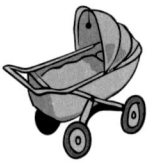

детска количка

детская коляска

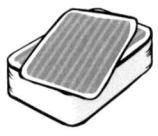

игра на карти

карточная игра

пъзел

пазл

SUPER
MEGA

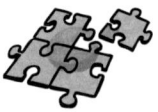

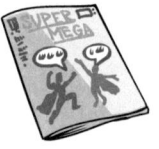

комикс

комикс

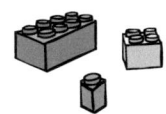

лего елементи

кирпичики Лего

строителни елементи

кубики

екшън фигурка

игрушечная фигурка

бебешки гащеризон

ползунки

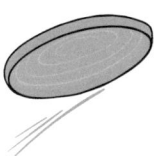

фрисби

фрисби

бебешки играчки за легло

мобиле

настолна игра

настольная игра

зарче

кубик

миниатюрно влакче

модель железной дороги

биберон

соска

парти

вечеринка

детска книга с илюстрации

книга с картинками

топка

мяч

кукла

кукла

играя

играть

пясъчник

песочница

люлка

качели

играчка

игрушка

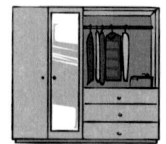

игрова конзола

игровая приставка

велосипед с три колелета

трёхколесный велосипед

плюшено мече

плюшевый медвежонок

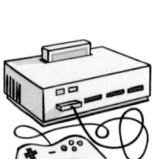

гардероб

шкаф для одежды

облекло

одежда

къси чорапи

носки

дълги чорапи

чулки

чорапогащник

колготки

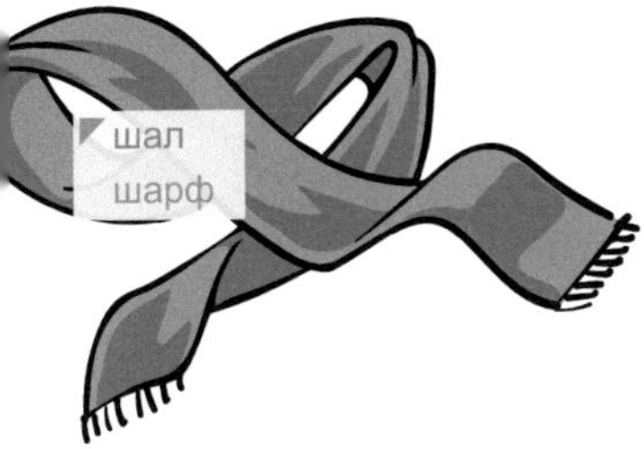

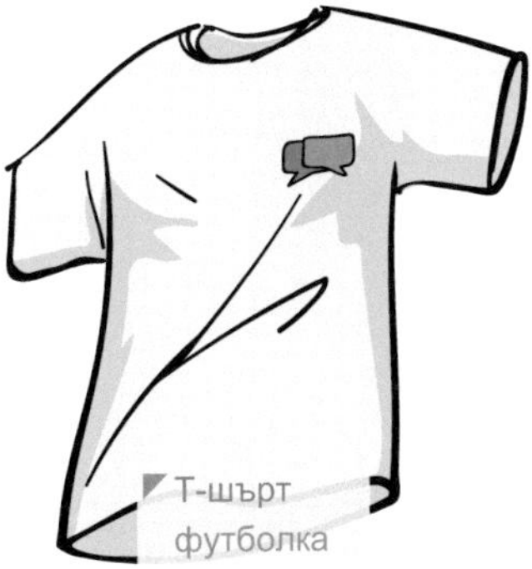

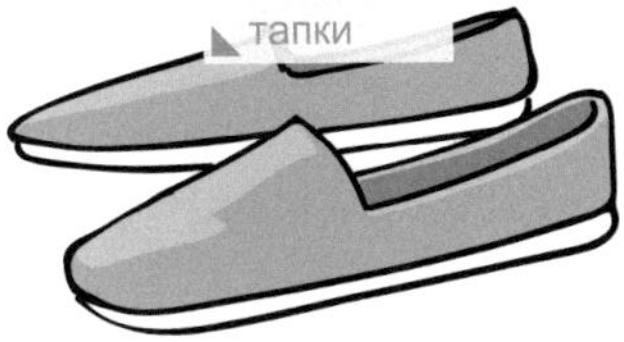

шал
шарф

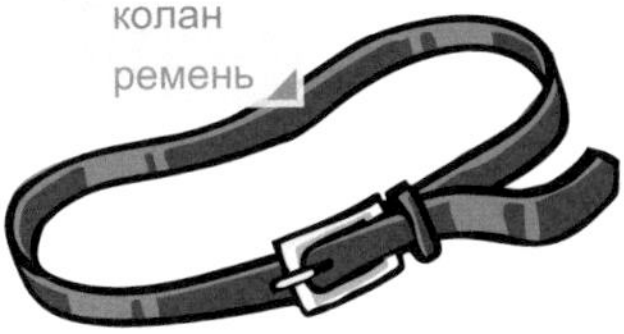

чадър
зонтик

Т-шърт
футболка

колан
ремень

ботуши
сапоги

пантофи
тапки

гуменки
кроссовки

сандали

сандалии

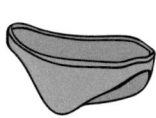

обувки

ботинки

гумени ботуши

резиновые сапоги

слип

трусы

сутиен

бюстгальтер

долна блуза

майка

облекло - одежда

боди

боди

панталон

брюки

дънки

джинсы

пола

юбка

блуза

блузка

риза

рубашка

пуловер

свитер

суичър

свитер

блейзър

спортивная куртка

яке

жакет

палто

пальто

дъждобран

плащ

костюм

костюм

рокля

платье

булчинска рокля

свадебное платье

костюм

мужской костюм

нощница

ночная сорочка

пижама

пижама

сари

сари

кърпа за глава

платок

тюрбан

тюрбан

бурка

паранджа

кафтан

кафтан

абая

абайя

ански костюм

купальник

плувни шорти

плавки

къс панталон

шорты

анцуг

спортивный костюм

престилка

фартук

ръкавици

перчатки

копче

пуговица

очила

очки

гривна

браслет

верижка

цепочка

пръстен

кольцо

обеца

серьга

каскет

шапка

закачалка

вешалка

шапка

шляпа

вратовръзка

галстук

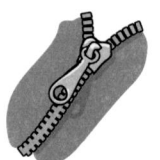

цип

застежка молния

каска

шлем

тиранти

подтяжки

ученическа униформа

школьная форма

униформа

форма

облекло - одежда

лигавник

детский нагрудник

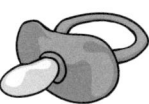

биберон

соска

пелена

подгузник

сървър
сервер

шкаф за документи
канцелярский шкаф

принтер
принтер

монитор
монитор

хартия
бумага

мишка
мышь

бюро
письменный стол

папка
папка

клавиатура
клавиатура

кошче за хартиени отпадъци
корзина для бумаг

стол
стул

компютър
компьютер

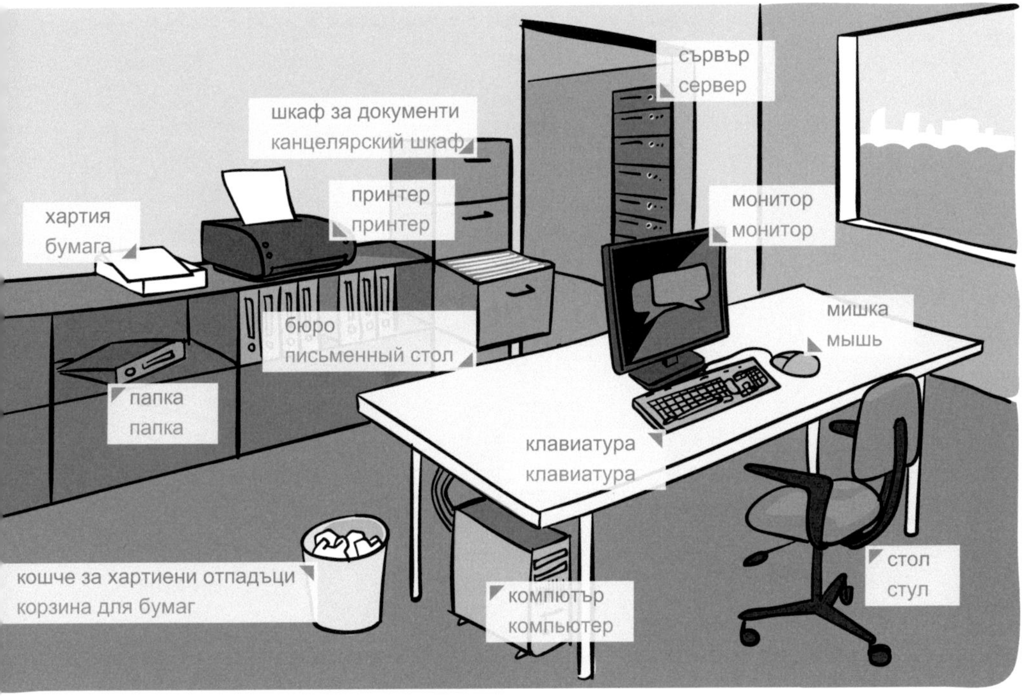

чаша за кафе

кофейная кружка

джобен калкулатор

калькулятор

интернет

интернет

лаптоп

ноутбук

писмо

письмо

съобщение

сообщение

мобилен телефон

мобильный телефон

мрежа

сеть

ксерокс

ксерокс

софтуер

программа

телефон

телефон

контакт

розетка

факс

факс

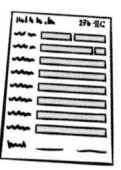

формуляр

формуляр

документ

документ

купувам

покупать

плащам

платить

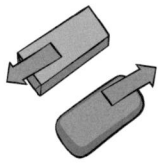

търгувам

торговать

пари

деньги

долар

доллар

евро

евро

йена

иена

рубла

рубль

швейцарски франк

франк

ренминби юан

жэньминьби юань

рупия

рупия

банкомат

банкомат

обменно бюро

пункт обмена валюты

злато

золото

сребро

серебро

нефт

нефть

енергия

энергия

цена

цена

договор

договор

данък

налог

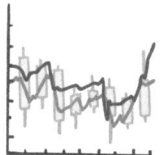

акция

акция

работя

работать

служител

служащий

работодател

работодатель

фабрика

фабрика

магазин за цветя

магазин

професии
профессии

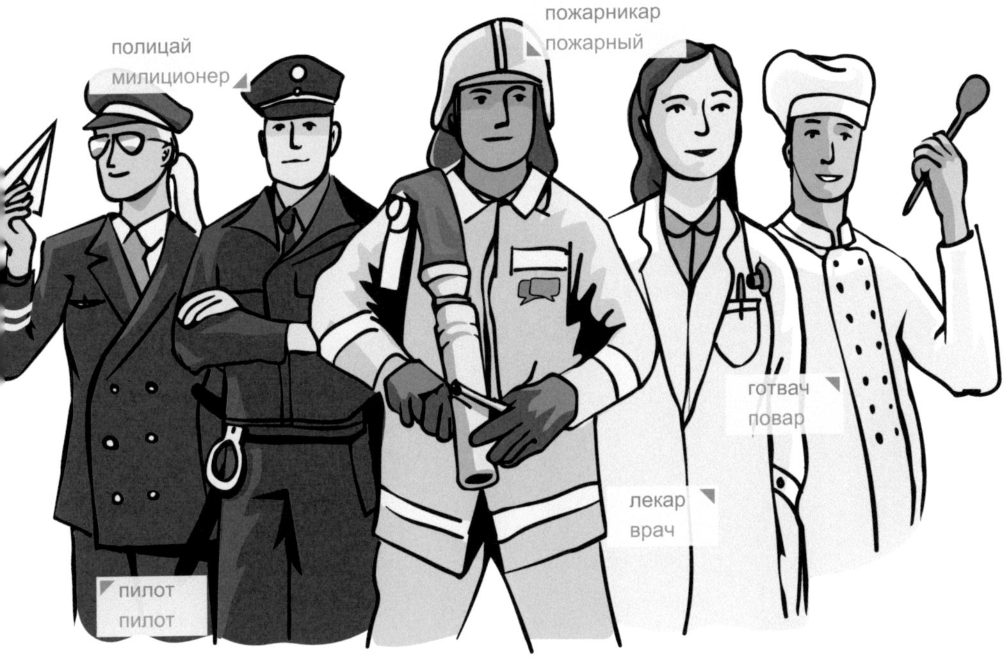

полицай
милиционер
пожарникар
пожарный
готвач
повар
лекар
врач
пилот
пилот

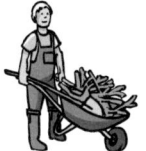

градинар

садовник

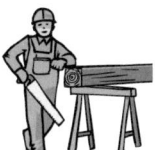

мебелист

столяр

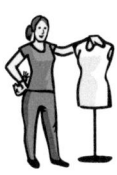

шивачка

швея

съдия

судья

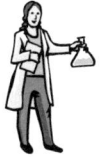

химик

химик

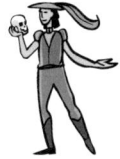

артист

актёр

шофьор на автобус

водитель автобуса

шофьор на такси

таксист

рибар

рыбак

чистачка

уборщица

майстор на покриви

кровельщик

келнер

официант

ловец

охотник

художник

художник

хлебар

пекарь

електротехник

электрик

строителен работник

строитель

инженер

инженер

касапин

мясник

тенекеджия

сантехник

пощальон

почтальон

войник

солдат

архитект

архитектор

касиер

кассир

цветар

флорист

фризьор

парикмахер

кондуктор

кондуктор

механик

механик

капитан

капитан

зъболекар

зубной врач

научен работник

ученый

равин

раввин

има̀м

имам

монах

монах

свещеник

священник

инструменти

инструменты

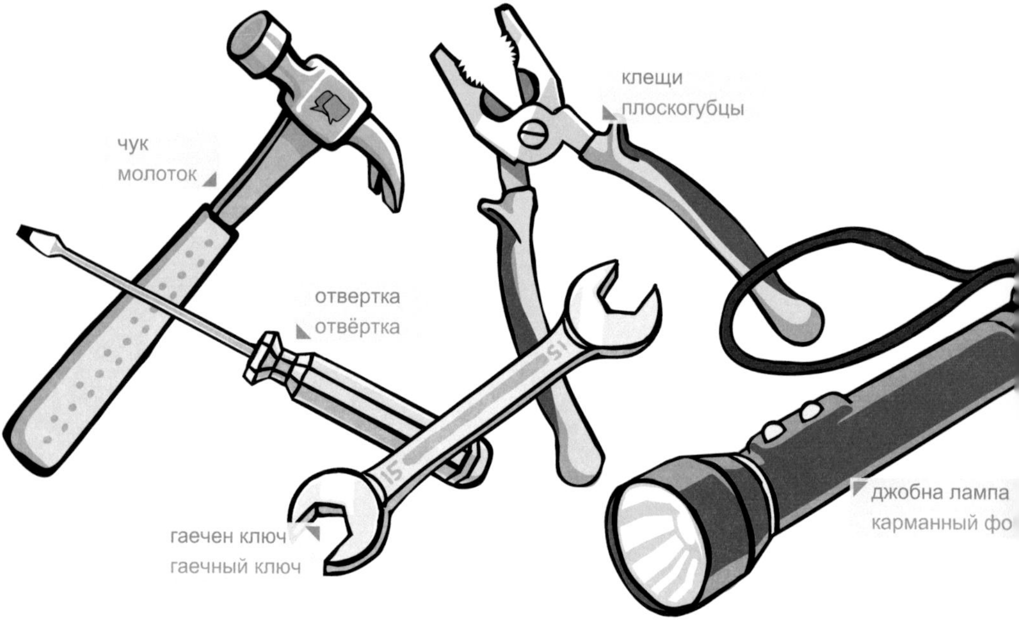
клещи
плоскогубцы
чук
молоток
отвертка
отвёртка
джобна лампа
карманный фо
гаечен ключ
гаечный ключ

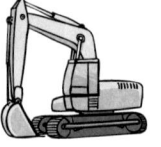

багер

экскаватор

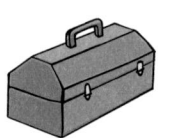

кутия за инструменти

ящик для инструментов

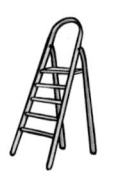

стълба

стремянка

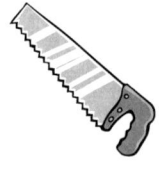

трион

пила

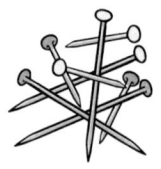

пирони

гвозди

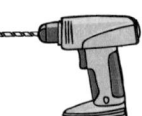

бормашина

дрель

ремонтирам
ремонтировать

лопата
лопата

По дяволите!
Блин!

лопатка за смет
совок

кутия за боя
ведро с краской

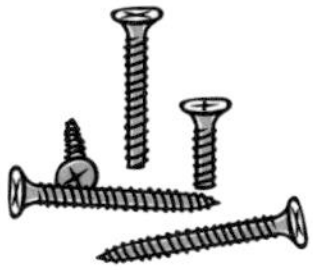

болтове
винты

музикални инструменти
музыкальные инструменты

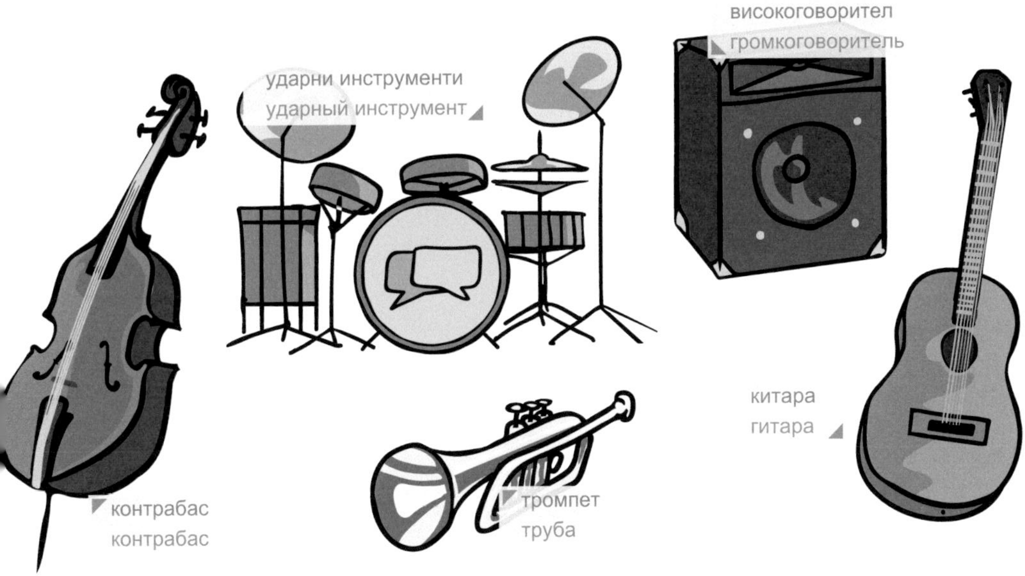

високоговорител
громкоговоритель

ударни инструменти
ударный инструмент

китара
гитара

контрабас
контрабас

тромпет
труба

пиано

пианино

виолина

скрипка

контрабас

бас-гитара

тимпан

литавры

барабан

барабан

електрическо пиано

синтезатор

саксофон

саксофон

флейта

флейта

микрофон

микрофон

музикални инструменти - музыкальные инструменты

зоологическа градина

зоопарк

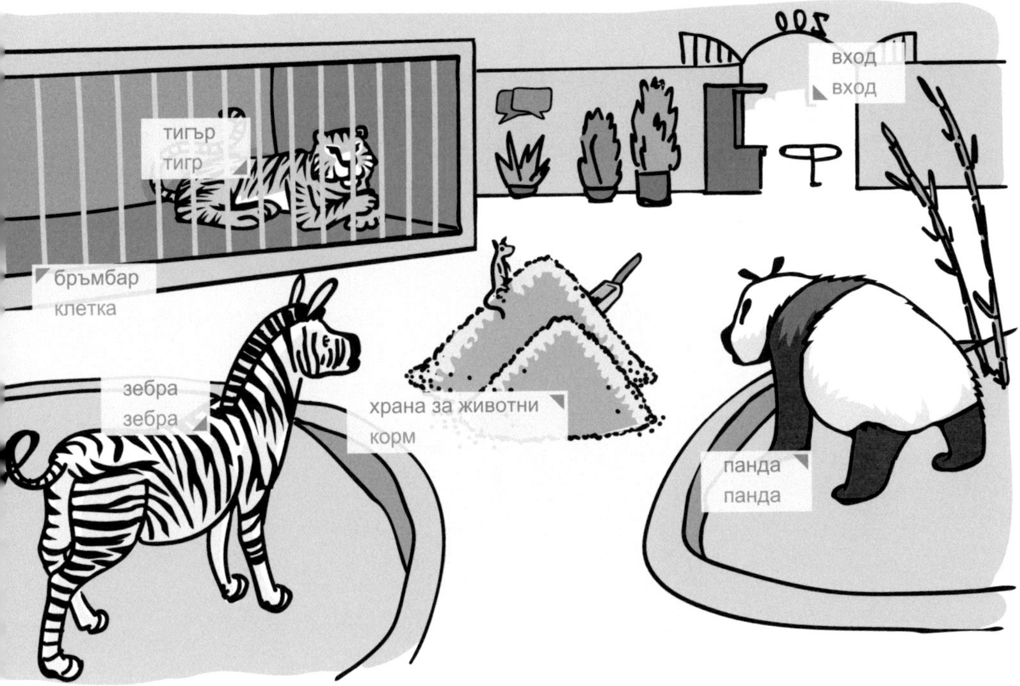

тигър
тигр
вход
вход
бръмбар
клетка
зебра
зебра
храна за животни
корм
панда
панда

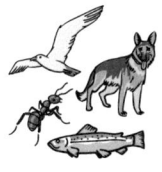

животни

животные

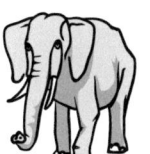

слон

слон

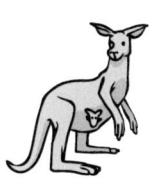

кенгуру

кенгуру

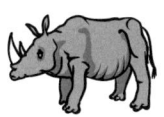

носорог

носорог

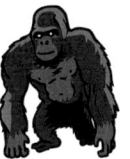

горила

горилла

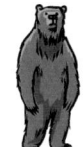

мечка

медведь

камила

верблюд

щраус

страус

лъв

лев

маймуна

обезьяна

фламинго

фламинго

папагал

попугай

бяла мечка

белый медведь

пингвин

пингвин

акула

акула

паун

павлин

змия

змея

крокодил

крокодил

пазач в зоологическа градина

служитель зоопарка

тюлен

тюлень

ягуар

ягуар

зоологическа градина - зоопарк

пони

пони

леопард

леопард

хипопотам

бегемот

жираф

жираф

орел

орёл

диво прасе

кабан

риба

рыба

костенурка

черепаха

морж

морж

лисица

лиса

газела

газель

спорт
спорт

американски футбол
американский футбол

колоездене
езда на велосипеде

тенис
теннис

баскетбол
баскетбол

плуване
плавание

бокс
бокс

хокей на лед
хоккей

футбол
футбол

бадминтон
бадминтон

лека атлетика
лёгкая атлетика

хандбал
гандбол

ски бягане
лыжный спорт

поло
поло

62   спорт - спорт

скачам
прыгать

смея се
смеяться

прегръщам
обнимать

вървя
идти

пея
петь

моля се
молиться

целувам
целовать

сънувам
мечтать

пиша
писать

рисувам
рисовать

показвам
показывать

бутам
нажимать

давам
давать

взимам
брать

дейности - действия

имам

иметь

правя

делать

съм

быть

стоя

стоять

тичам

бежать

дърпам

тянуть

хвърлям

бросать

падам

падать

лежа

лежать

чакам

ждать

нося

носить

седя

сидеть

обличам

надевать

спя

спать

събуждам се

просыпаться

разглеждам

рассматривать

плача

плакать

милвам

гладить

реша се

причесывать

говоря

говорить

разбирам

понимать

питам

спрашивать

слушам

слушать

пия

пить

ям

кушать

разтребвам

наводить порядок

обичам

любить

готвя

готовить

карам автомобил

ехать

летя

летать

дейности - действия

плавам (с платна)

ходить под парусом

смятане

считать

чета

читать

уча

учиться

работя

работать

женя се

вступать в брак

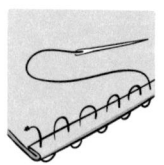

шия

шить

измивам си зъбите

чистить зубы

убивам

убивать

пуша

курить

изпращам

отправлять

баба
бабушка

дядо
дедушка

баща
папа

майка
мама

бебе
младенец

дъщеря
дочь

син
сын

посетител

гост

леля

тетя

чичо

дядя

брат

брат

сестра

сестра

тяло

тело

чело
лоб
око
глаз
рамо
плечо
пръст
палец
лице
лицо
брадичка
подбородок
ръка
кисть
гърди
грудь
крак
нога
ръка
рука

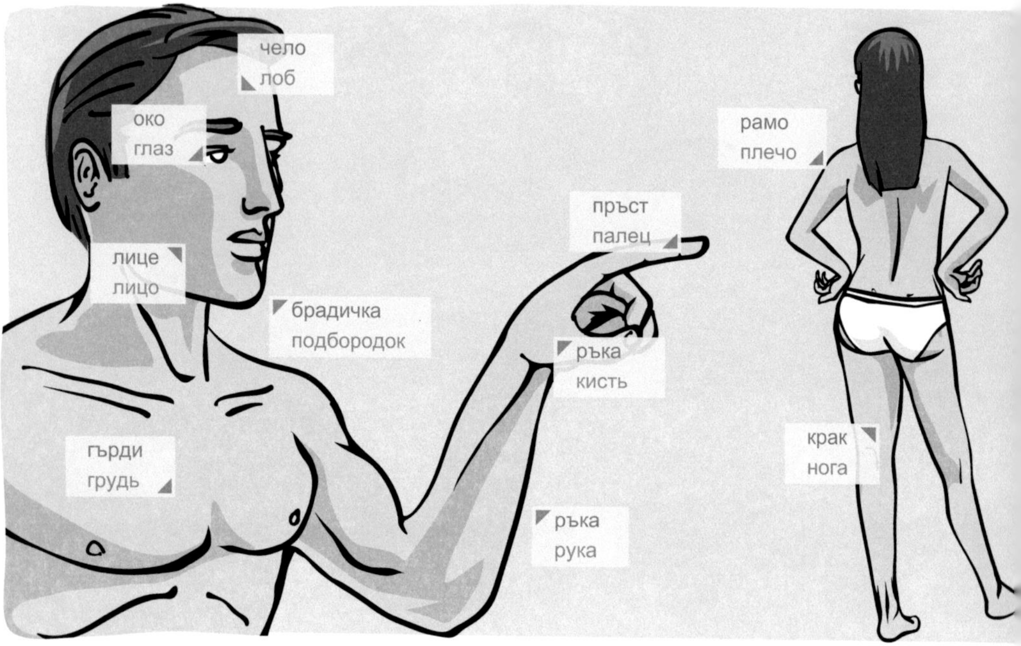

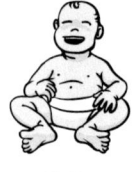

бебе

младенец

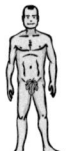

мъж

мужчина

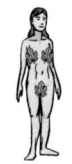

жена

женщина

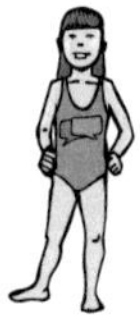

момиче

девочка

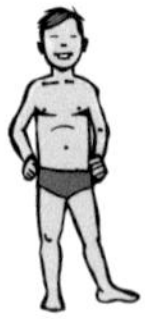

момче

мальчик

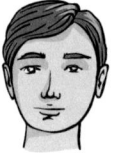

глава

голова

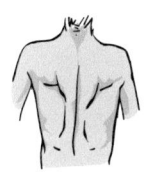

гръб

спина

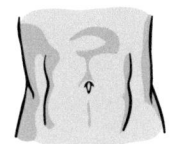

корем

живот

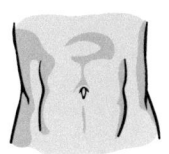

пъп

пупок

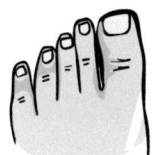

пръст на крака

палец ноги

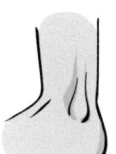

пета

пятка

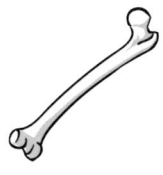

кост

кость

хълбок

бедро

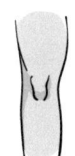

коляно

колено

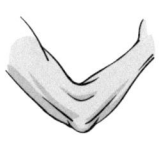

лакът

локоть

нос

нос

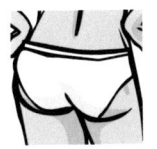

седалище

ягодицы

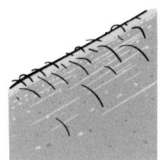

кожа

кожа

буза

щека

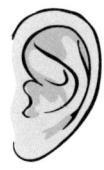

ухо

ухо

устна

губа

тяло - тело

уста

рот

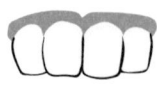

зъб

зуб

език

язык

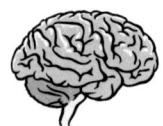

мозък

мозг

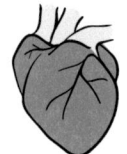

сърце

сердце

мускул

мышца

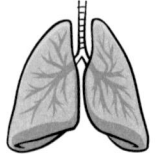

бял дроб

лёгкое

черен дроб

печень

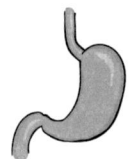

стомах

желудок

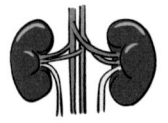

бъбреци

почки

полово сношение

половой акт

кондом

презерватив

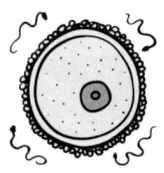

яйцеклетка

яйцеклетка

сперма

сперма

бременност

беременность

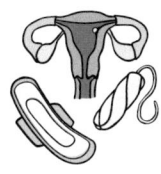

менструация

менструация

вагина

вагина

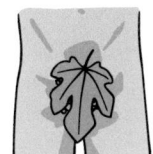

пенис

пенис

вежда

бровь

коса

волосы

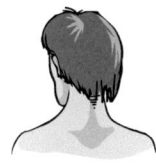

шия

шея

болница

больница

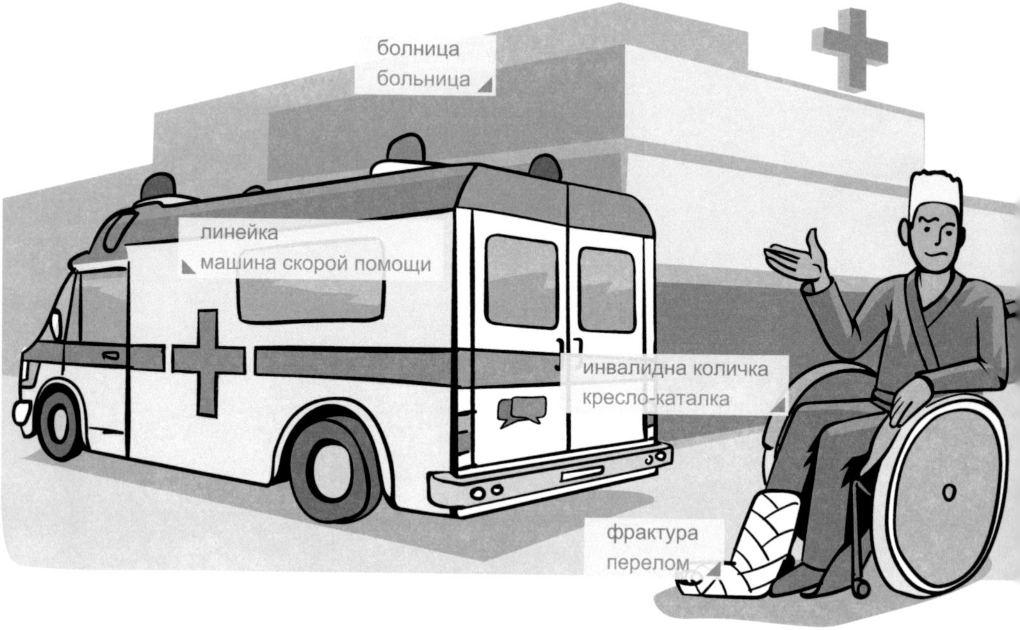

болница
больница
линейка
машина скорой помощи
инвалидна количка
кресло-каталка
фрактура
перелом

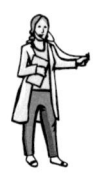

лекар

врач

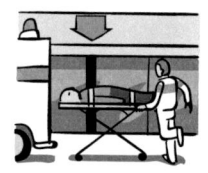

спешна хоспитализация

пункт первой помощи

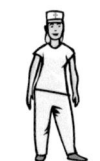

медицинска сестра

медсестра

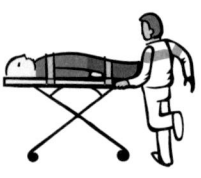

спешен случай

неотложный случай

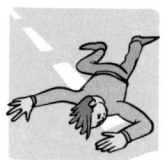

в безсъзнание

без сознания

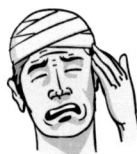

болка

боль

нараняване

повреждение

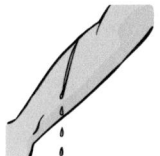

кървене

кровотечение

инфаркт

инфаркт

инсулт

инсульт

алергия

аллергия

кашлица

кашель

температура

овышенная температура

грип

грипп

диария

понос

главоболие

головная боль

рак

рак

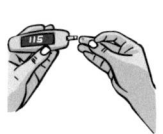

диабет

диабет

хирург

хирург

скалпел

скальпель

операция

операция

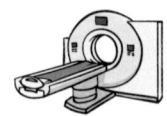

компютърна томография

КТ

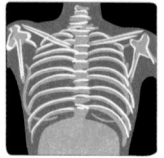

рентген

рентген

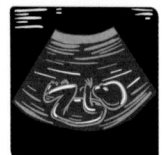

ултразвук

ультразвук

маска

маска

болест

болезнь

чакалня

приёмная

патерица

костыль

пластир

пластырь

превръзка

бинт

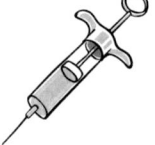

инжекция

укол

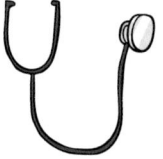

стетоскоп

стетоскоп

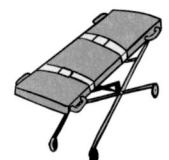

носилка

носилки

термометър

термометр

раждане

рождение

наднормено тегло

избыточный вес

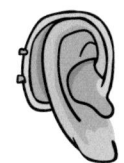

слухов апарат

слуховой аппарат

дезинфекционно средство

дезинфекционное
средство

инфекция

инфекция

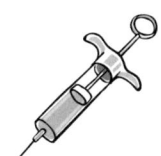

вирус

вирус

HIV / AIDS

ВИЧ / СПИД

медицина

лекарство

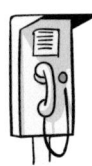

ваксинация

прививка

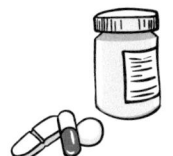

таблети

таблетки

противозачатъчна
таблетка
противозачаточная
таблетка

спешно телефонно
обаждане
экстренный вызов

апарат за измерване на
кръвното налягане

прибор для измерения
кровяного давления

болен / здрав

больной / здоровый

болница - больница

Помощ!
Помогите!

сигнал за тревога
сигнал тревоги

нападение
нападение

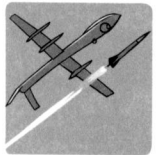

атака
атака

опасност
опасность

аварien изход
запасной выход

Пожар!
Пожар!

пожарогасител
огнетушитель

злополука
несчастный случай

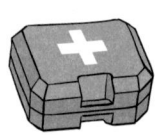

комплект за оказване на
първа помощ
аптечка

SOS
SOS

полиция
милиция

Европа
....
Европа

Северна Америка
....
Северная Америка

Южна Америка
....
Южная Америка

Африка
....
Африка

Азия
....
Азия

Австралия
....
Австралия

Атлантически океан
....
Атлантический океан

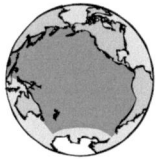

Тихи океан
....
Тихий океан

Индийски океан
....
Индийский океан

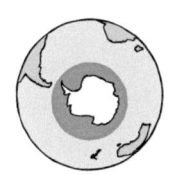

Южен ледовит океан
....
Антарктический океан

Северен ледовит океан
....
Северный Ледовитый
океан

Северен полюс
....
Северный полюс

Южен полюс

Южный полюс

Антарктида

Антарктика

Земя

земля

суша

суша

море

море

остров

остров

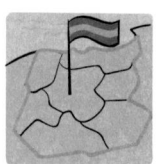

нация

нация

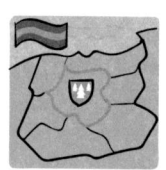

държава

государство

Земя - земля

циферблат

циферблат

стрелка на часовете

часовая стрелка

стрелка на минутите

минутная стрелка

стрелка на секундите

секундная стрелка

Колко е часът?

Который час?

ден

день

време

время

сега

сейчас

дигитален часовник

электронные часы

минута

минута

час

час

понеделник
понедельник

сряда
среда

петък
пятница

вторник
вторник

четвъртък
четверг

събота
суббота

неделя
воскресенье

вчера

вчера

днес

сегодня

утре

завтра

сутрин

утро

обед

полдень

вечер

вечер

работни дни

рабочие дни

уикенд

выходные

дъжд
дождь

дъга
радуга

вятър
ветер

сняг
снег

пролет
весна

есен
осень

лято
лето

зима
зима

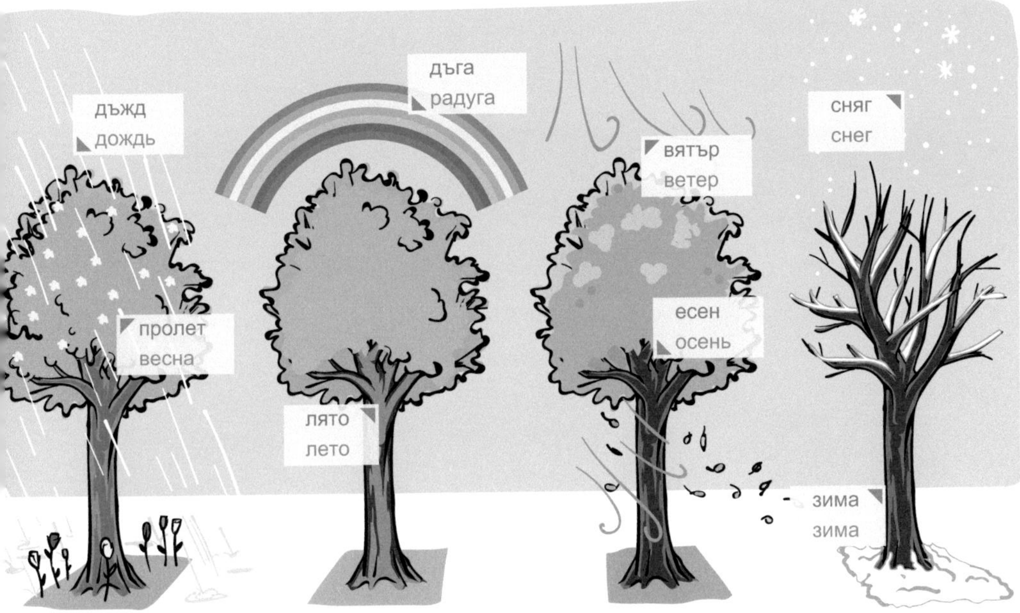

прогноза за времето

прогноз погоды

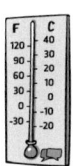

термометър

термометр

слънчева светлина

солнечный свет

облак

туча

мъгла

туман

влажност на въздуха

влажность воздуха

светкавица
молния

гръмотевица
гром

буря
буря

градушка
град

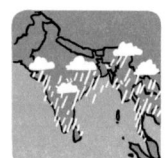

мусон
муссон

наводнение
наводнение

лед
лёд

януари
январь

февруари
февраль

март
март

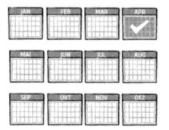

април
апрель

май
май

юни
июнь

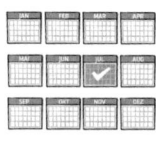

юли
июль

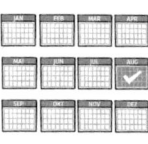

август
август

година - год

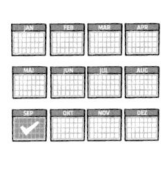

септември

сентябрь

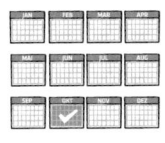

октомври

октябрь

ноември

ноябрь

декември

декабрь

кръг

круг

квадрат

квадрат

четириъгълник

прямоугольник

триъгълник

треугольник

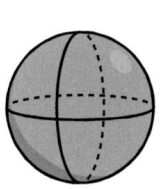

сфера

шар

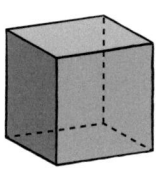

куб

куб

цветове
цвета

бял

белый

жълт

желтый

оранжев

оранжевый

розов

розовый

червен

красный

лилав

лиловый

син

синий

зелен

зелёный

кафяв

коричневый

сив

серый

черен

черный

много / малко

много / мало

ядосан / спокоен

яростный / мирный

красив / грозен

красивый / уродливый

начало / край

начало / конец

голям / малък

большой / маленький

светъл / тъмен

светлый / темный

брат / сестра

брат / сестра

чист / мръсен

чистый / грязный

пълен / непълен

полный / неполный

ден / нощ

день / ночь

мъртъв / жив

мёртвый / живой

широк / тесен

широкий / узкий

ядлив / неядлив

съедобный / несъедобный

сърдит / любезен

злой / дружелюбный

развълнуван / скучаещ

взволнованный / скучающий

дебел / тънък

толстый / худой

най-напред / най-накрая

сначала / в конце

приятел / враг

друг / враг

пълен / празен

полный / пустой

твърд / мек

твёрдый / мягкий

тежък / лек

тяжёлый / легкий

глад / жажда

голод / жажда

болен / здрав

больной / здоровый

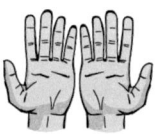

нелегален / легален

незаконный / законный

интелигентен / глупав

умный / глупый

ляво / дясно

слева / справа

близо / далече

близко / далеко

нов / употребяван

новый / подержанный

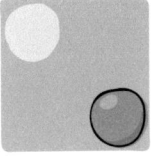

нищо / нещо

ничто / нечто

стар / млад

старый / молодой

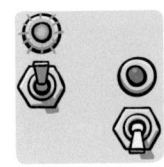

вкл. / изкл.

включено / выключено

отворен / затворен

открыто / закрыто

тих / силен (звук)

тихо / громко

богат / беден

богатый / бедный

правилен / погрешен

правильный /
неправильный

грапав / гладък

шероховатый / гладкий

тъжен / щастлив

печальный / счастливый

дълъг / къс

короткий / длинный

бавен / бърз

медленный / быстрый

мокър / сух

мокрый / сухой

топъл / студен

тёплый / прохладный

война / мир

война / мир

противоположности - противоположности

0

нула
ноль

1

едно
один

2

две
два

3

три
три

4

четири
четыре

5

пет
пять

6

шест
шесть

7

седем
семь

8

осем
восемь

9

девет
девять

10

десет
десять

11

единадесет
одиннадцать

12

дванадесет

двенадцать

13

тринадесет

тринадцать

14

четиринадесет

четырнадцать

15

петнадесет

пятнадцать

16

шестнадесет

шестнадцать

17

седемнадесет

семнадцать

18

осемнадесет

восемнадцать

19

деветнадесет

девятнадцать

20

двадесет

двадцать

100

сто

сто

1.000

хиляда

тысяча

1.000.000

милион

миллион

английски

английский

американски английски

американский английский

китайски мандарин

мандаринский китайский

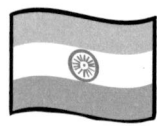

хинди

хинди

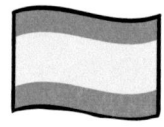

испански

испанский

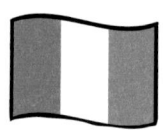

френски

французский

арабски

арабский

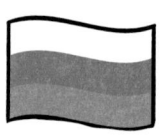

руски

русский

португалски

португальский

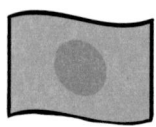

бенгалски

бенгальский

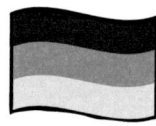

немски

немецкий

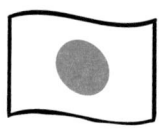

японски

японский

аз

я

ти

ты

♂ ♀ ○

той / тя / то

он / она / оно

ние

мы

вие

вы

те

они

кой?

кто?

какво?

что?

как?

как?

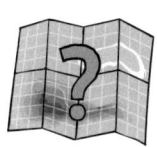

къде?

где?

кога?

когда?

HELLO, I AM

име

имя

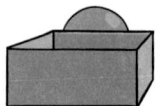

зад

за

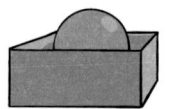

в

в

пред

перед

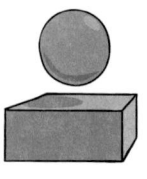

над

над

върху

на

под

под

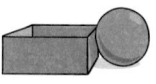

до

рядом

между

между

място

место